AF586772

ORDONNANCE
des Ser[mes.] Archiducqz sur le faict de monnoye de Liege permise, & d'autre estrangiere deffendue, auec les figures d'icelles, & declaration de leur valeur.

EN ANVERS
Chez Hierosme Verdussen, Imprimeur de la monnoye de leurs Altezes Ser[mes.] nos Princes Souuerains, 1615.

Auec grace & Priuilege.

Les Archiducqz

AYants eu rapport de la bonté & valeur des pieces d'or & d'argent n'agueres forgees soubz nom, tiltre & armes, du Prince Electeur de Coloigne, Euesque & Prince de Liege, &c. cy desoubs figurees, ont ordonné par leur acte prouisionele sur ce donné le troisiesme de Iuing 1615. quelles soyent mis & receu és pays, lieux & places, de leur obeissance parmi autres tolerees & permises par leurs ordonnances au poids & pris cy ensuyuant declairé & aux remedes accoustumez à l'aduenant que sur autres semblables en prix est accordé.

L'escud Ferdinand de 72 64/83. pieces au marc poidz de Troyes pour lxix. pat. pieche.

Les florins d'or Ferdinand de 75 15/19. pieces audict marc pour lvij. pat. pieche.

Les Daldres Ferdinand de 14$\frac{2}{3}$ pieces audict marc pour xxv. par piece.

Et comme lon à recogneu que plusieurs ne cessent d'apporter iournellement pardeça, d'echiller & mettre à pris parmy le peuple especes de monnoye d'or & d'argent deffendu, tenu & reputé pour billon, pour beaucoup plus qu'elles valent, tant de celles dont les figures ont esté imprimees & diuulguees au mois de Decembre en l'an passé 1614. que autres depuis introduictes & venues à cognoissance, dont les figures ensuyuet, ensemble de celles autrefois imprimees dessus mentionees, auec declaration du pris & valeur du Marc, Once, Estrelin & Aes d'icelles, que

que les Maistres particuliers des monnoyes de leurs Altezes Serenissimes pardeça ensemble les Changeurs commis & sermentez à la collectation de toute sorte de monnoye deffendue doibuent donner au peuple, sans que lesdicts Maistres particuliers pourront faire aulcune deduction audict pris, pour frais de fonte ou autrement, & lesdicts Changeurs non plus que leur salaire accoustumé, à sçauoir le quarantiesme denier de ce qu'ils changeront audict pris, le tout de nouueau faict & debuement calculé par les Maistres generaulx des monnoyes de leursdicts Altezes, si auant que la diuersité de l'alloy desdictes pieces l'a voulu permettre.

Monnoyes d'or.

Ducats simples forgez en Sauoye,

Marc ii^c lxxvij. florins.i.patar. xxxij.mites.

Once xxxiiij. flor.xij.patars. xxxiiij.mites.

Estrelin xxxiiij. pat.xxx.mites.

Aes i. pat. iiij.mites.

Vient pour piece pesant ij.estrelins. iij.aes, iij.flor.xv.pat. xxxvj. mites.

Ducats ſimples forgez ſoubs titre du Conte de Taſſaroli,

Marc ii^{c}lxxiij.flor. ij. patars. xxiiij.mites.

Once xxxiiij.flor.ij.patars.xxxix.mites.

Eſtrelin xxxiiij.pat.vj.mites.

Aes i.pat.iij.mites.

Vient pour piece peſans comme les pieces de leſdicts iij.flor. xiiij.pat.xxxij.mites.

Doubles & ſimples Eſcus de Sedan de l'an 1610.

Marc ii^{c}xlix flor.vij.pat.xxiiij.mites.

Once xxxj.flor.iij.pat.xxj.mites.

Eſtrelin xxxj.pat.viij.mites. Aes xlvi.mites.

Vient pour pieche deſdicts doubles Eſcus peſans iiij.eſtrelins. xij. aes, vj.flor.xvj.pat.viij.mites.

Et des ſimples à l'aduenant.

Autres Ducats du Conte de Tassaroli.

Marc ii^{c}xliij. flor. viij. pat. xxxvj. mites.

Once xxx. flor. viij. pat. xxviij. mites.

Estrelin xxx. pat. xx. mites. Aes xlvj. mites.

Vient pour pieche pesant ij. estre. vj. aes, iij. flor. vj. pat. xxvij. mites.

Escus simples & doubles de Sedan de l'an 1614.

Marc ii^{c}xxxv. flor. x. pat. xx. mites.

Once xxix. flor. viij pat. xxxviij. mites.

Estrelin xxix. pat. xxj. mites. Aes xliiij. mites.

Vient pour pieche desdicts simples Escus pesant ij. estre. vj. aes. iij. flor. iiij. pat xix. mites.

Et des doubles à l'aduenant.

Aultre ſimple Ducat du Conte de Taſſaroli aux lettres daté 1612.

Marc ii^c xxxiij.flor.x.pat.xl.mites.

Once xxix.flor.iij pat.xxj.mites.

Eſtrelin xxix. pat.viij.mites.

Aes xliij. mites.

Vient pour piece peſant ij.eſtrelins.vj.aes, iij.flor.iij.pat. xlj.mites.

Aultres doubles Eſcus de Sedan ſans date,

Marc ii^c xxix.flor.xj. pat.xxxij.mites.

Once xxviij.flor.xiij.pat.xlvj.mites.

Eſtrelin xxviij.pat.xxxiij.mites.

Aes xliij.mites.

Vient pour piece deſdicts doubles Eſcus peſans iiij.eſtre.xij.aes, vj.flor.v.pat.xxvi.mites.

Doubles & ſimples Eſcus forgés au Duché de Bullon fort differents d'alloy datéz 1613.

Marc ii^{c}xix. flor.xiij.pat.xxxvj.mites.

Once xxvij.flor.ix.pat.x.mites.

Eſtrelin xxvij.pat.xxij.mites. Aes xlj.mites

Vient pour piece deſdicts doubles eſcus peſans iiij. eſtrelins. xij.aes. vj.flor.vj.mites. Et des ſimples à l'aduenant.

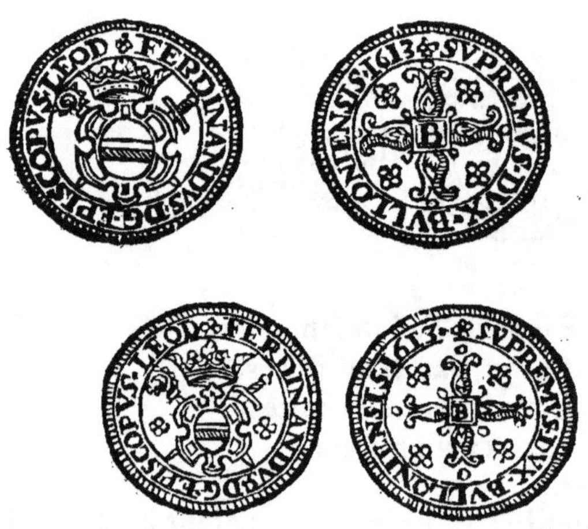

Florins d'or de Loraine datéz 1612. & ſemblables.

Marc ii^{c}j.flor.xvij.pat.xxiiij.mites.

Once xxv.flor iiij.pat. xxxiij.mites.

Eſtrelin xxv.pat.xi.mites. Aes xxxviij.mites.

Vient pour piece peſans ij.eſtrelins. iij.aes,lij.pat.xl.mites.

Florins d'or forgez au Duché de Bullon en l'an 1612. & depuis.
Marc i^{c}.lxxxxvij.flor.viij.pat.xxj.mites.
Once xxiiij.flor.xiij.pat. xxvj.mites.
Estrelin xxiiij.pat.xxxij.mites.
Aes xxxvij.mites.
Vient pour piece pesant ij.estrelins.iij.aes. ij.pat. xxxj.mites.

Florins d'or de Sedan de l'an 1614. de diuerse forme de fabrication.
Marc i^{c}.lxxxxv. flor. xviij. pat. xxxvj.mites.
Once xxiiij.flor.ix.pat.xl mites.
Estrelin xxiiij.pat. xxiiij.mites.
Aes xxxvj.mites.
Vient pour piece pesant ij.estrelin.ij.aes. ij.flor.x.pat. & demy.

Monnoye d'argent.

Ducatons de Milan forgez en l'an 1605. & depuis de moyndre poids que autres parauant forgez, & aultres forgez ſoubs titre du Conte de Taſſaroli de l'an 1604.

Marc xxj. flor. xiij. pat. vj. mites.

Once liiij. pat. vj. mites.

Eſtrelin ij. pat. xxxiiij. mites.

Aes iiij. mites.

Vient pour piece deſdicts de Milã peſans xviij. eſtrelins. viij. aes. xlix. pat. xviij. mites.

Et pour l'aultre de Taſſaroli peſant xx. eſtre. & demy. lv. pat. xxiij. mites.

Daldres de Svvede de l'an 1607.

Marc xix.flor.i.pat.xxxviij.mites.

Once xlviij.pat. xxxv.mites.

Estrelin ij.pat.xviij.mites. Aes iij.mites.

Vient pour piece pesans xiij.estrelins, xxxj.pat.

Testons du Cardinal de Lorayne Euesque de Straesborch & aultres de Mets.

Marc xvij.flor.ix.pat.xxxiiij.mites.

Once xliij.pat xxxiiij.mites.

Estrelin ij.pat. ix.mites. Aes iij.mites.

Vient pour piece pesans v.estrelins, & demy. xij.pat.i.mite

Les deux pieces suyuantes forgees à Campen à la forme du Philippe Daldre & demy.

Marc xvij.flor.vj.pat.xxiiij.mites.

Once xliij.pat.xv.mites.

Estrelin ij.pat.viij.mites.

Aes iij.mites.

Vient pour piece desdicts Daeldres pesans xxij.estrelins viij.aes, xlviij.pat.viij.mites.

Et le demy à l'aduenant.

Les Daldres de Sedan, de Neuers, & de Bourbon.

Marc xvij.flor.iiij pat.xliij.mites.

Once xliij.pat.v.mites.

Estrelin ij.pat.viij.mites.

Aes iij.mites.

Vient pour piece pesans xiij.estrelins, xxviij.pat.

Daldres & demy Daldres de Sedan & autres forgez au Duché de Bullon soubs titre de l'Euesque de Liege.

Marc xvij.flor.iiij.mites. Once xliiz.pat.
Estrelin ij.pat.vj.mites. Aes iij.mites.

Vient pour piece desdicts Daldres de Sedã pesans xix.estrel.& demy. xlj.pat.xxj.mites. Et pour piece des aultres de Liege pesans xj.estrelins. xxiij.pat.xviij.mites.

Et le demy à l'aduenant.

Daldres du Prince de Messerrani & aultres de Sedan, Testons de Bourbon & de mets.

Marc xvj. flor. vij. pat. xij. mites.

Once ij. flor. xliij. mites

Estrelin ij. pat. ij. mites. Aes iij. mites.

Vient pour piece desdicts Daldres de Messerani pesans xvij. estrelins, xxxiiij. pat. xxxvij. mites.

Pour les Daldres de Sedã pesans xiij. estr. piece xxvj. p. xiij mi.

Pour les Testõs de Bourbõ pesans v. estr. viij. aes, x. p. xxxv. mi.

Et pour les autres de Mets pesans v. estrelins, x. pat. x. mites.

Teſton de Bourbon.

Teſton de Mets.

Daldres de Mantua & les quarts des Daldres du Conte de Taſſaroli.

Marc xv.flor.viij.pat.

Once xxxviijz.pat.

Eſtrelin i.pat.xliiij.mites. Aes ij.mites.

Vient pour piece deſdicts Daldres peſans xviij.eſtre.& viij.aes. xxxv.pat. vi.mites.

Et pour piece deſdicts quarts peſans iiij.eſtrelins.xij.aes, viij.p.&xx.mit.

Les quarts des Daldres du Conte de Taſſaroli.

Aultres Daldres du Conte de Taſſalori que l'on eſchille en aulcun lieux pour Ducatons d'Italie,

Marc xv.flor.i.pat.xxviij.mites.

Once xxxvij.pat.xxxiij.mites.

Eſtrelin i.pat.xlij.mites.

Aes ij.mites.

Vient pour piece peſans xviij.eſtrelins.xij.aes. xxxiiij.pat.xxx.mites.

Aultres Daldres du Prince de Messerrani.

Marc xiiii.flor.xvi.pat.xxxvii.mites.

Once xxxvii.pat.iiii.mites.

Estrelin i.pat.xli.mites.

Aes ij.mites.

Vient pour piece pesant xvii.estrelins xxiiii.aes. xxxii.pat.xliiii.mites.

Testons de Sauoye forgees en l'an 1611.& depuis.

Marc xiiii.flor.viij.pat.xxxvi.mites.

Once xxxvj.pat iiii.mites.

Estrelin i.pat.xxxviii.mites.

Aes ii.mites.

Vient pour piece pesans iiii.estrelins.xx.aes, viii.pat.& xvi.mites.

Aultres Daldres du Conte de Taſſaroli de different poids & pris.

Marc xiij.flor xix.pat. vj.mites.

Once xxxiiij.pat.xlij.mites.

Eſtrelin i.pat.xxxvj.mites.

Aes ij.mites.

Vient pour l'vn peſant xx.eſtrelins & demy, que en aulcun endroict s'eſchillent pour ducatons d'Italie xxxv.pat.xxxvj.mites.

Et pour l'aultre ne peſant que xvij.eſtrelins.i.quart. xxx.p.iiij.mites.

Pieces forgees au pays de Iuliers & aultres soubs titre de l'Abdisse de Thoren.

Marc xiij.flor.iij.pat.xxxiij.mites.
Once xxxiij.pat.iiij.mites.
Estrelin i.pat.xxxj.mites.
Aes ij.mites.

Vient pour piece pesans iij.estrelins.x.aes. v.pat.& xxiij.mites.

Quarts des Daldres du Prince de Messerrani.

Marc.xi.flor.xi.pat.

Once xx viii.pat.xlii.mites.

Estrelin i.pat.xxi.mites.

Aes ii.mites.

Vient pour piece pesans iiii. estrelins.xi.aes. vi.pat.xiii.mites.

Aultres Testons de Bourbon de bien basse alloy.

Marc x.flor.xviii.pat. viii.mites.

Once xxvii.pat.xiii.mites.

Estrelin i pat.xvii.mites.

Aes ii.mites.

Vient pour piece pesans v.estrelins.xii.aes vii.pat.xv.mites.

Daldres forgees en lieu incognue.
Marc x.flor.v.pat.xvi.mites.
Once xxv.pat.xxxii.mites.
Eſtrelin i.pat.xiii.mites.
Aes ii.mites.
Vient pour piece peſans xviii.eſtrelins.xxiiii aes. xxiiii.pat.iii.mites.

Pieces de trois pat.de Liege.
Marc ix.flor.xv.pat.xxxiiii.mites.
Once xxiiii.pat.xxii.mites
Eſtrelin i.pat.x.mites.
Aes ii.mites.
Vient pour piece peſans ii.eſtrelins. ij.pat.xx.mites.

Pieces de quatre pat.de Liege.

Marc ix flor.xj.pat.x mites.

Once xxiij.pat.xliij.mites.

Estrelin i.pat.ix.mites.

Aes i.mite.

Vient pour piece pesans ij.estrelins.xxiiij.aes. iij.pat.xiij.mites.

Doubles pat. de Liege & pieces de six blanc de Neuers.

Marc viij.flor.xij.pat.iiij.mites.

Once xxj.pat.xxvij.mites.

Estrelin i.pat.iiij .mites.

Aes i.mite.

Vient pour piece desdicts doubles pat.pesans i.estrel.viij.aes, i.p.xvj.mi.

Et pour pieces desdicts six blanc pesans ij.estrelins. ij.pat.vij.mites.

Double pattars de Liege & pieces de six blanc de Neuers.

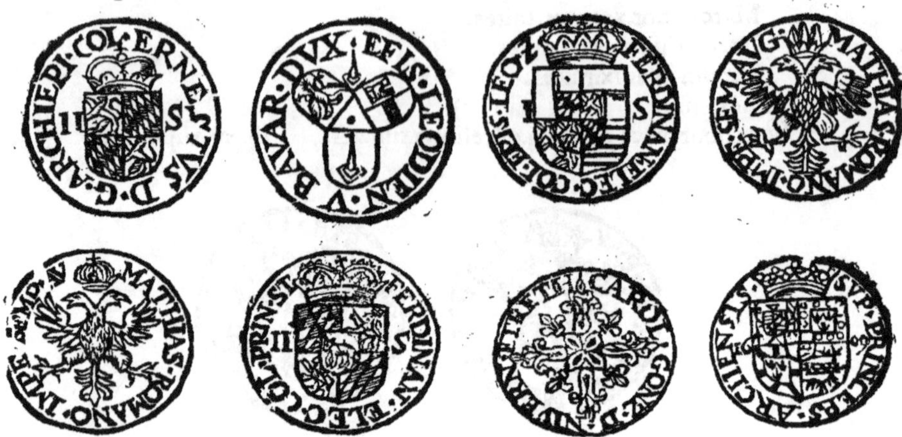

Pattars de Liege.

Marc v flor.xvj.pat.xxi mites.

Once xiiij.pat.xxvj.mites.

Estrelin xxxv.mites.

Aes i.mite.

Vient pour piece pesant i.estrelin.iiij.aes, xxxix.mites.

Pattars nagueres forgez au pays de Cleue, d'Oostphrise & aultres soubz titre de l'Abbesse de Thore.

Marc iiii.flor.xix.pat.xxvii.mites.

Once xii.pat.xxi.mites.

Estrelin xxx mites.

Aes i.mite escars.

Vient pour piece i.estrelin. xxx.mites.

Demy patars forgez audict pays de Cleue.

Marc iiii.flor.i.pat.

Once x.pat.vi.mites.

Estrelin xxiiii.mites.

Aes i.mite escars.

Vient pour piece pesans demy estrelin xii.mites.

Le tout à vingt patars chascun florin, & de xlviij. mites monnoye de Flandres chascun patart.

Liartz & gigotz de Maestricht, Boisleducq & Ruremonde estans interditz & deffenduz auoir cours si non és dictes villes & quartiers à l'enuiron, pour l'usage desquelz ilz ont esté forgez & permis.

Liartz de Maestricht, forgez au dict lieu.

Liartz de Boiſleducq, forgez audict lieu.

Liartz de Ruremonde forgez audict lieu.

Tous aultres liartz & gigots eſtrangiers, dont les figures s'enſuyuent deſia forgez, ou que l'on poldroit forger, ſont declairez Billons, & à nul pris.

Aſſçauoir,

Les liartz d'Erneſtus Prince de Liege, &c. forgez audict lieu.

Liartz du Comte de Bronchorſt forgez à Gronſuelt.

Aultres liartz du meſme Prince forgez audict Liege.

Liartz du Baron de Reckum forgez audict Reckum.

Aultres liartz dudict Prince d'Ernestus forgez à Masecq.

Liartz de l'Abesse de Thorn forgez au dict Thorn.

Aultres Liartz de ladicte Abesse de Thorn forgez audict lieu.

Gigotz de ladicte Abesse de Thorn forgez audict lieu.

Aultres liartz dudict Baron de Reckum forgez audict lieu.

Liartz d'Emmeric auec les armes de Iulliers, Cleues, Berges, &c. forgez audict Emmerick.

Liartz du Ducq de Neuers forgez à Masiers.

Liartz du Ducq de Neuers forgez à Charleville.

Liartz de Mulhem auec les armes de Iuliers, Cleues, Berghes, &c. forgez audict Mulhem.

Aultres dudict Ducq de Neuers forgez audict Charleville.

Liartz de Henry de la Tour Duc de Bouillon forgez à Sedan.

Liartz du Comte de Cullenbourg forgez audict Cullenbourg.

Et

Aultres Liartz de Henry de la Tour Duc de Bouillon aussi forgez à Sedan.

Gigotz dudict Duc de Bouillon forgez audict Sedan.

Liartz de Francois de Bourbon, Prince de Conty.

Et generalement tous aultres Liartz & Gigotz estrangez.

Sommaire du Priuilege.

ALBERT & ISABELLA Clara Eugenia Infant d'Espaigne par la grace de Dieu Archiducqz d'Austrice, Ducqz de Bourgoingne, &c, A tous ceux qui ces presentes verront, salut. Receu auons l'humble supplication de nostre Chier & bien ame Ierosme Verdussen, contenante, qu'il nous auroit pleu le dernier de Iuing de l'an mil six cent & sept, luy accorder noz lettres patentes de Priuilege, soubsignees par le *Comte*, & au Conseil de Brabant par *Buschere*, à la seclusion de tous aultres, A fin de pouuoir Imprimer toutes les affaires concernans noz monnoyes, auec deffence & Inhibition, à tous aultres Imprimeurs de ne les pouuoir contrefaire: & que non obstant icelles, aucuns Imprimeurs se sont aduancez de contrefaire lesdictes Eualuations & libures, dont se trouuant le suppliant souuent contrainct de pour ce soustenir diuers proces, (cause pour estre conuenablement remediée) s'est aduisé de prendre son recours vers nous. SCAVOIR FAISONS doncques que nous es choses susdictes considerees, inclinans fauorablement à la requeste & supplication dudict Ierosme Verdussen suppliant, luy auons octroyé & consenti, octroyons & consentons, en luy donnant congé & licence de grace especiale par ces presentes, qu'il puist & pourra seul, & à l'exclusion de tous aultres Imprimeurs, vendre & distribuer & par tous noz pays de pardeça toutes noz causes & affaires concernans noz monnoyes, si comme eualuations, permissions, Placcartz, tollerations, libures ou liuretz, & chartes de noz deniers d'or & d'argent, ausi bien eualuez que non eualuez, auec leur poix, pris & valeur. Si auons Interdict & defendu, interdisons & defendons bien expressement, & à certes, à tous aultres Imprimeurs, tailleurs graueurs, & libraires de quelque qualité ou condition qu'ilz soyent ou pourroyēt estre, iceux libures ou liburetz, permissions, Placcarts, & tollerations, ensemble, tout ce que peult aussi toucher le faict desdictes monnoyes en tout ou en partie, d'ensuyure, contrefaire, ou imprimer, ou en quelque lieu estans ensuiuir, contrefaictz ou imprimez, de vendre, faire, ou laisser vendre iceux en noz pays de pardeça, ny lesdictes Eualuations & specifications de nosdictes monnoyes, ayans presentement cours, ou qu'ilz pourront auoir, soit à plus hault, ou plus bas pris d'Imprimer ou inserer aux Almanacqz, ny aussi les Almenacqz estans ailleurs Imprimez contenans ladicte specification ou cours de l'argent, de faire, ou laisser vendre iceux en nosditz pays de pardeça sans le consentement dudict suppliant, soit en vertu de quelque priuilege, ou consentiment particulier qu'ilz ont, ou pourroient auoir des Gouuerneurs, noz Consaulx prouinciaulx, Magistratz ou d'aultres quelz qu'ilz soyent, à paine de confiscation & perte desdictz exemplaires, & pardessus ce, de trois florins Carolus d'amende pour chacun exemplaire qu'ainsi sera esté imprimé ou vendu; Applicable l'vn tiers à nostre prouffict, vn tiers à l'Officier, & l'aultre tiers au prouffit dudict suppliant. Si donnons en mandement à noz Treschiers & feaulx les Chief President & Gens de noz Priué & grand Consaulx. Presidens & Gens de noz Consaulx Prouinciaux à Luxemborch, Flandres, Arthois & Namur, Grand Bailly de Haynnau, & gens de nostre Conseil à Mons, Gouuerneur de Lille, Douay & Orchies, Bailly de Tournay & Tournesis, Preuost le Comte à Valenciennes. Escoute de Malines & tous aultres noz Iusticiers, Officiers & subiectz qu'il apartiendra. Que de ceste nostre presente grace permission & accord, & de tout le contenu en cestes, ilz facent, souffrent, & laissent ledict suppliant plainement iouir & vser sans luy faire, mectre ou donner, n'y souffrir estre faict, mis ou donné aucun obstacle, destourbier ou empeschement au contraire: Car ainsi nous plaist il. En tesmoing de ce, nous auons faict mectre nostre seel à ces presentes donné en nostre ville de Bruxelles le deuxiesme d'Octobre l'An de grace, M. DC. X.

Par les Archiducqz en leur Conseil.

Enghien.

www.ingramcontent.com/pod-product-compliance
Lightning Source LLC
LaVergne TN
LVHW052018160826
845678LV00003B/1102

* 9 7 8 2 3 2 9 6 5 0 9 8 2 *